Führung ist machbar

Führung gibt dem Leben Bedeutung, Vision und Hoffnung.
—Walter C. Wright

■ **Die Beschäftigung mit dem Thema »Führung« hat mein Leben verändert.** Als klassisches Arbeiterkind war mir das Thema lange verschlossen und ich meinte, das sei nur etwas für einige wenige besonders Begabte und Auserwählte. Nach dem Motto: »Entweder man ist zur Führungskraft geboren oder eben nicht.« In meinem Kopf hatte ich hier Manager großer Unternehmen oder Politiker von internationalem Rang vor Augen.

Das Thema begann mich erstmals direkt bei einer Leiterausbildung einer christlichen Organisation zu berühren. Dort lernte ich, wie wichtig die Persönlichkeit eines Leiters ist. Kurz darauf stieß ich in meinem beruflichen Umfeld an meine Grenzen: Die von mir geleitete Abteilung war im Laufe von zehn Jahren von einer auf zehn Personen gewachsen. Ich stellte fest, dass ich mit meinem bisherigen Führungsstil nicht mehr weiterkam. Bis zu diesem Zeitpunkt hatte ich sehr wenig Zeit für Leitungsfragen aufgewandt. Ich agierte ohne Wissen über Leitung »bauchgesteuert«. Durch das Training und die eigenen Erfahrungen sensibilisiert stieß ich auf ein Buch über Führung: »Leading Simple« von Boris Grundl. Ich habe es geradezu verschlungen, denn seine zentrale Botschaft lautete: »Führung ist für dich erlern- und machbar.«

Das hat meine Sicht über Führung verändert. Ich begann, die Welt mit neuen Augen zu sehen. Beruflich sowie auch im privaten und ehrenamtlichen Bereich. Seitdem habe ich das Gelernte Stück um Stück erfolgreich umgesetzt. Auf diesem Weg habe ich viele Menschen kennengelernt, für die das Thema »Führung« ähnlich weit weg erschien wie für mich damals. Ich kenne viele Menschen, denen es nicht in die Wiege gelegt wurde oder die es in ihrem Leben nicht beigebracht bekamen, wie man entspannt und klar leiten kann. Besonders diese Menschen möchte ich mit diesem Quadro ermutigen, Führung auf gesunde Weise erfolgreich zu leben.

Erfolgsfaktor Führung

Gute Führung ist entscheidend für den Erfolg jeder Organisation. Egal ob es sich dabei um einen Verein, eine Gemeinde, eine Schule, eine Regierung oder eine Firma handelt. Wenn eine Organisation erfolgreich sein will, muss sie in gute und effektive Führung investieren. Jede Organisation hat die Aufgabe, Ziele zu erreichen und Ergebnisse zu erzielen.

Ergebnisorientierung ist wichtig. Doch sie sollte in einer Weise praktiziert werden, bei der die Menschen im Mittelpunkt stehen und nicht nur der rein messbare Erfolg. Der Schriftsteller Gustave Flaubert hat dies so ausgedrückt: »Der Erfolg ist eine Folgeerscheinung. Niemals darf er zum Ziel werden.«

Das Leben bietet vier zentrale Möglichkeiten, in denen Führung gefordert ist.

Die vier wesentlichen Eckpfeiler sind dabei:

1. Sich selbst führen
2. Sich führen lassen
3. Andere führen
4. Aufgaben (aus)führen

Dieses Quadro führt dich in 28 Tagen durch diese spannenden Themenbereiche. Gehe am besten schrittweise vor, indem du dir immer neu realistische Ziele setzt und das Gelernte Stück für Stück in deinem Leben anwendest. Führung ist machbar – gerade für dich.

Viele erhellende Momente bei der Entdeckungsreise durch die Welt der Führung wünscht dir

—Martin Buchwitz

P.S. Gerne würde ich von dir hören, wie dieses Quadro dazu beigetragen hat, dein Leben zu verändern, es erfolgreicher und spannender zu machen. Ich freue mich über jedes Feedback unter mbuchwitz@me.com

Tipps zur Anwendung

- Dieses Quadro ist in 28 Kapitel aufgeteilt. Du kannst vier Wochen lang täglich einen Abschnitt lesen und umsetzen. Wenn dich ein Kapitel besonders anspricht, dann lies es ruhig mehrfach.
- Die Kapitel können fortlaufend oder einzeln gelesen werden. Fang ruhig mit dem Thema an, das dich am meisten interessiert.
- Am Ende jedes Abschnittes findest du Fragen. Nimm dir Zeit, darüber nachzudenken und sie konkret zu beantworten. Was schriftlich ist, wird konkret. Deshalb empfehle ich dir, die Antworten aufzuschreiben und dir zu notieren, wie du die Handlungsimpulse umsetzen möchtest.
- Du kannst für deine Notizen ein einfaches Notizbuch nutzen oder *Mein Quadro*, das wir speziell für die Quadro-Serie entwickelt haben.
- Wer passiv konsumiert, bleibt passiv. Frage dich nach jedem Lesen: Wenn ich jemandem erzählen würde, was der wichtigste Impuls für mich war – was würde ich ihm oder ihr sagen?
- Nimm dir Zeit, mit anderen darüber zu reden – dadurch verankert es sich besser.
- Lies das Quadro gemeinsam mit deinem Partner, Freunden oder Kollegen. Sehr hilfreich beim Thema »Führung« ist der Austausch mit anderen Führungskräften. Ihr werdet feststellen, dass Punkte, die man gemeinsam erarbeitet und bespricht, klarer werden und nachhaltiger wirken.
- Setze die Handlungsimpulse möglichst zeitnah um. Was du selbst einmal ausprobiert hast, prägt sich tiefer ein als Dinge, die du nur liest.
- Bleibe gelassen. Änderungen geschehen nicht von heute auf morgen. Erlaube dir selbst, in deinem eigenen Tempo dazuzulernen.
- Mach dir eine Liste der Haltungen und Tools (nicht mehr als 2-5), die du besonders gerne lernen möchtest. Konzentriere dich auf diese Bereiche. Nimm dir diese Liste mehrmals im Jahr zur Hand, um zu beobachten, was du dazugelernt und wie du dich weiterentwickelt hast.

Woche 1
Sich selbst führen

1.1

Persönlichkeit entwickeln

Nur sichere Menschen können führen;
die wissen, wer sie sind, und aus dieser
Sicherheit heraus authentisch leben.
– Walter C. Wright

■ Wissen und Können machen einen Menschen noch lange nicht zu einer guten und erfolgreichen Führungskraft; mindestens genau so wichtig sind Charakter und Persönlichkeit. Wissen kann man sich aneignen, Persönlichkeit hingegen muss man entwickeln. Führungskräfte, die langfristig erfolgreich sind, verfügen über eine starke Persönlichkeit mit einem gesunden Selbstbewusstsein.

Menschen mit schwachem Selbstwert sind leicht verletzbar. Für sie ist es schwer, zwischen der Person, die etwas tut, und der Sache zu trennen. Das führt dazu, dass ihnen die Souveränität im Umgang mit schwierigen Situationen und mit – aus ihrer Sicht – schwierigen Menschen fehlt. Sie nehmen vieles zu persönlich und verlassen leicht die Sachebene. Menschen werden für sie schnell zu Feinden. Von erfolgreichen Mitarbeitern und Kollegen fühlen sie sich bedroht. Sie behalten Wissen für sich, verbuchen die Erfolge anderer für sich und üben Macht autoritär aus.

Starke Persönlichkeiten sind sich dagegen ihrer Stärken und Schwächen bewusst und leben ihre Werte auch in der Praxis aus. Nur innerlich gefestigte Persönlichkeiten können eine Atmosphäre schaffen, in der sich Menschen wohlfühlen, die ihnen Sicherheit gibt und in der sie ihr Potenzial ausschöpfen können. Deshalb ist es für Führungskräfte besonders wichtig, nicht nur Wissen zu erwerben, sondern auch an ihrem Charakter zu arbeiten.

■ **Denk mal**

Bist du eine Persönlichkeit mit einem gesunden Selbstbewusstsein? Frage Menschen, denen du vertraust.

■ **Mach mal**

Beobachte: Was verunsichert dich? Was hilft dir, sicherer zu werden? Arbeite daran, in diesen Bereichen mehr Sicherheit zu gewinnen.

1.2 Mit klarem Blick

Wer keine Vision hat, vermag weder große Hoffnung zu erfüllen noch große Vorhaben zu verwirklichen.
—Thomas Woodrow Wilson

■ Fast jeder hat diese zwei Lehrertypen erlebt: Dem einem sind die Schüler auf der Nase herumgetanzt, während der andere extrem streng und bei den Schülern unbeliebt war. Dann gab es noch die dritte Gruppe von Lehrern, die durch ihre natürliche Autorität für die erforderliche Ordnung sorgen konnten und trotzdem oder gerade deswegen bei den Schülern beliebt waren. Was solche Menschen auszeichnet, nennt man »Persönlichkeit« oder »Charisma«.

Es charakterisiert Menschen, die sich ihrer selbst sicher sind und die wissen, was sie wollen und was nicht. Menschen mit klaren Vorstellungen und Werten und häufig auch mit einer klaren Vision. Sie erwecken den Eindruck, ihre Berufung gefunden zu haben und zu leben. Sie haben einen klaren Blick – für sich selbst aber auch für andere Menschen, das Umfeld und die Aufgaben. Sie behalten ihren klaren Blick auch dann, wenn um sie herum das Chaos ausbricht. Für Führungskräfte ist der Durchblick das A und O. Sie brauchen die innere Stärke, die klaren Werten entspringt. Und sie brauchen den Mut, auch in herausfordernden Situationen den eigenen Werten gemäß zu handeln.

Solche Führungskräfte geben ihren Mitarbeitern Sicherheit. Sie schaffen ein vertrauensvolles Umfeld, in dem Visionen, Ziele und Erwartungen geklärt sind. Hier kann Hervorragendes wachsen und gedeihen. Es lohnt sich, die eigene Vision, Ziele und Werte schriftlich festzuhalten und zu sehen, wo und wie man schon danach lebt.

■ **Denk mal**

Was sind deine wichtigsten Werte? Was charakterisiert deine Vision und Berufung?

■ **Mach mal**

Wenn du es noch nicht getan hast, schreibe Werte, Vision und Ziele auf. Reflektiere, wo und wie du sie bereits auslebst.

Nur in den Augen des Unsicheren sieht Selbstbewusstsein wie Arroganz aus.
—Kris Vallotton

Eigene Stärken kennen

■ Menschen, die ihre Stärken kennen, sind entspannt. Sie fühlen sich nicht so schnell angegriffen. Im Führungsalltag gibt es unzählige Situationen, die man persönlich nehmen könnte. Es gelingt nicht immer, die Dinge auf eine sachliche Ebene zu bringen. Der Grund dafür ist ganz einfach: Wir Menschen sind emotionale Wesen. Wir können unsere Gefühle nicht einfach an- oder abstellen.
Menschen mit gesundem Selbstbewusstsein sind auch emotional stabil. Das hilft ihnen, in Herausforderungen die Ruhe zu bewahren und zu agieren, anstatt aus automatischen Reaktionsmustern heraus zu reagieren. Sie können in zwischenmenschlichen Konflikten fair bleiben und dem Gegenüber mit Autorität, aber auch mit Respekt begegnen.
In vielen Organisationen geht Energie durch unreife Haltungen und Handlungen verloren. Menschen mit Minderwertigkeitskomplexen können kaum kooperativ miteinander arbeiten. Führungskräfte, die mit sich selbst nicht im Reinen und sich ihrer Gaben und Stärken nicht bewusst sind, können das Leben anderer zur Hölle machen. Leiter mit einem gesunden Selbstwert hingegen können Menschen helfen, ihre Potenziale zu entwickeln. Ihre natürliche Autorität, Integrität und Ehrlichkeit ermöglichen es ihnen, hilfreiche Kritik auszusprechen.
Ein Persönlichkeitstest, wie zum Beispiel *DISG* oder *StrengthsFinder 2.0*, kann dabei helfen, die eigenen Stärken zu entdecken und besser wahrzunehmen.

■ **Denk mal**
Was sind deine größten Stärken?

■ **Mach mal**
Setze heute eine deiner Stärken bewusst ein, um einen anderen Menschen zu stärken und zu fördern. Beobachte, wie es dir dabei geht.

1.4 Persönlicher Stil

Tu, was du kannst, mit dem, was du hast, dort, wo du bist.
—Theodore Roosevelt

■ Führungsqualitäten werden von vielen Menschen unter der Kategorie »Man hat's eben oder nicht« verbucht. Bei dem Begriff »Führung« denken viele zuerst an die bekannten Größen aus Politik und Wirtschaft, die ihre Führungsarbeit scheinbar nebenbei machen. Andere haben überhöhte Vorstellungen davon, was Führung heißt. Sie erwarten von Leitern große Visionen, 100%ige Gerechtigkeit, unendliche Belastbarkeit, positive Ausstrahlung und perfekte Vorbild-Funktion.

Beim Vergleich mit so einem Bild von Führung schneidet man selbst selten gut ab. Je nach Persönlichkeit und Ausprägung des eigenen Selbstwertes hakt man das Thema für sich persönlich dann gleich ganz ab.

Führung hängt zwar stark mit der eigenen Persönlichkeit zusammen, aber sie ist nichts schicksalhaft Gegebenes, das sich nicht ändern ließe. Persönlichkeit kann entwickelt und Führung erlernt werden. Dazu gehört die Bereitschaft zum Lernen und zur Veränderung. Sie ist die wesentliche Voraussetzung dafür, eine erfolgreiche Führungskraft zu werden. Dabei geht es nicht darum, so zu sein wie andere, vielleicht die großen Vorbilder, sondern seine eigene Persönlichkeit zu entwickeln und den eigenen Führungsstil zu finden. Neben dem Wissen um grundlegende Leitungsprinzipien ist es für eine Führungskraft wichtig, den eigenen Stil zu finden. Das bedeutet, sich der eigenen Vorlieben und Stärken bewusst zu sein und sie einzusetzen.

■ **Denk mal**

Traust du dir zu, eine erfolgreiche Führungskraft zu werden?

■ **Mach mal**

Bitte vier Menschen, dir zu sagen, welche deiner Eigenschaften sie für besonders hilfreich für Führungsaufgaben ansehen.

Die Zeit im Griff

Zeitmanagement ist Unsinn.
Sie können die Zeit nicht managen –
nur Ihr Verhalten.

—*Michael Kastner*

■ Lucius Seneca war überzeugt: »Wir haben nicht zu wenig Zeit, sondern lassen zu viel ungenutzt.« Erfolgreiche Führungskräfte haben gelernt, die ihnen zur Verfügung stehende Zeit – von der sie genauso viel haben wie alle Menschen – mit den wirklich wichtigen Dingen zu füllen. Vielleicht war es noch nie so schwer wie heute, mit seiner Zeit effektiv umzugehen und diese optimal zu nutzen. Die modernen Medien erreichen uns überall und zu jeder Zeit. Wenn wir es zulassen, werden wir ständig unterbrochen von Handy, E-Mail und SMS.

Untersuchungen zeigen, dass man nach einer Unterbrechung mehrere Minuten braucht, um in die unterbrochene Arbeit wieder hineinzufinden. Führungskräfte brauchen Zeit zum Ausruhen und Nachdenken über Strategie und Planung – die Grundbausteine erfolgreicher Führungsarbeit. Um klar und konzentriert denken zu können, sind ungestörte Zeiten wichtig – doch die kommen nicht von selbst. Manchmal sucht man sogar die Zerstreuung, weil es leichter ist, sich mit Kleinkram zu beschäftigen, als Wesentliches zu durchdenken.

Wem es als Führungskraft gelingt, sich regelmäßig unterbrechungsfreie Zeiten zu schaffen, hat bereits einen wichtigen Schritt zu einer höheren Effizienz geschafft. Letztlich geht es immer wieder darum: die wichtigen Dinge von den dringenden unterscheiden zu können und seine zeitlichen Prioritäten auf das Wichtige zu setzen.

■ **Denk mal**

Was raubt dir am meisten Zeit? Wie kannst du das einschränken?

■ **Mach mal**

Schaffe Zeiten, in denen du Unterbrechungen ausschaltest. Arbeite dann an den wichtigen Dingen, die deine Aufmerksamkeit brauchen.

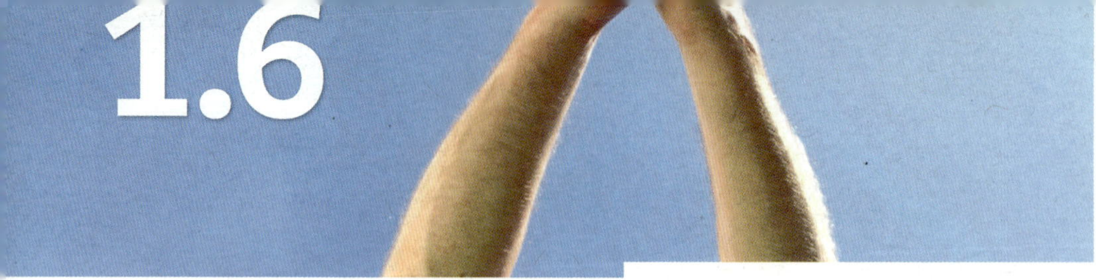

1.6

Das Wesentliche

Kunst = Weglassen

—Leonhard Frank

■ Der Arbeitsalltag einer Führungskraft ist oft voller Aufgaben, die nach Erledigung schreien. Scheinbar dringende Aufgaben buhlen um unsere Aufmerksamkeit. So will zum Beispiel das überfüllte E-Mail-Postfach uns gleich morgens davon abhalten, wirklich Wichtiges anzugehen. Sind die Mails bearbeitet, klingelt das Telefon: wieder eine dringende Angelegenheit.
Schon ist die Zeit, die für die Monatsplanung reserviert war, mit Dingen gefüllt, die nicht so wichtig sind, aber scheinbar ganz dringend waren. Daneben übernimmt man schnell Aufgaben, die eigentlich andere machen sollten. Die man bereits an sie delegiert hatte, die aber wieder zurückkamen, z.B. wenn die Person nicht weiterkommt. Dann macht man es schnell selbst. Und vernachlässigt die eigentliche Aufgabe – nämlich zu führen. Viele Führungskräfte vernachlässigen ihre Führungsarbeit zugunsten operativer Arbeit. Doch die Zeiten der Investition in Mitarbeiter sind besonders wichtig.

Die Fähigkeit zur Konzentration auf das Wesentliche, die Raum für die wichtigen Aufgaben schafft, trägt deshalb stark zum Erfolg einer Führungskraft bei. Es ist sinnvoll, bei jedem Vorgang klar zu überlegen:

- Brauche ich das? (Wenn nein: Entsorgen)
- Muss ich es tun? (Wenn nein: Delegieren)
- Muss es sofort geschehen? (Wenn nein: Planen, wann es getan werden soll)

■ **Denk mal**

Wie viel Zeit verbringst du mit Aufgaben, die klar mit Führung zu tun haben?

■ **Mach mal**

Schreibe die drei obigen Fragen auf und bringe sie so an, dass du sie bei der Arbeit immer im Blick hast.

Leben in Balance

Es gibt kaum ein beglückenderes Gefühl als zu spüren, dass man für andere Menschen etwas sein kann.
—Dietrich Bonhoeffer

■ Jeder Mensch wünscht sich, dass ihm seine Arbeit Spaß macht und Erfolg bringt. Gerade wenn dies der Fall ist, gibt es aber auch eine Gefahr: sich in der Arbeit zu verlieren und die Prioritäten im Leben zu einseitig zu setzen. Nicht umsonst steigt das Herzinfarktrisiko bei Männern und auch Frauen mittleren Alters stetig an. Wachsender Erfolg, innerer Leistungsdruck oder der Druck von außen können dazu führen, dass sich alles im Leben um die Arbeit dreht.

In der Folge bleiben Beziehungen häufig auf der Strecke, z. B. zum eigenen Ehepartner, zu den Kindern oder zu Freunden. Es geschieht so schnell, dass man sich derart in der Arbeit verliert, dass man keine Augen mehr für die anderen und sehr wichtigen Dinge des Lebens hat. Es ist erwiesen, dass Menschen, die in allen wesentlichen Lebensbereichen ein ausgeglichenes und grundsätzlich zufriedenes Leben führen, erfolgreicher sind als diejenigen, die unter privaten Sorgen und Problemen leiden.

Wir Menschen brauchen Ausgleich. In der Bibel finden wir das Prinzip des Sabbats: Neben sechs Arbeitstagen gibt es Ruhetage. Zeiten des Abschaltens und inneren Sammelns und zur Nährung unserer spirituellen Seite. In diesen Phasen wird der innere Akku wieder aufgeladen. Das gibt Kraft, die anstehenden Aufgaben zu bewältigen und wieder durchstarten zu können. Menschen erholen sich unterschiedlich – jeder kann für sich entdecken, was ihm hilft, zur Ausgeglichenheit zu finden.

■ **Denk mal**

Führst du ein Leben in Balance? Ist deine Grundstimmung innerer Friede?

■ **Mach mal**

Gehe deinen Kalender durch. Reserviere Freiräume, in denen du deinen Akku aufladen kannst – allein oder gemeinsam mit Freunden.

Woche 2
Sich führen lassen

2.1

Lebenslang lernen

Wer immer nur das Gleiche tut, wird immer nur das Gleiche bekommen.
—Thomas Alva Edison

■ Gesellschaft, Wirtschaft, Politik und damit auch jede Form der Organisation sind stetigem Wandel unterworfen. Führungskräfte haben das Privileg, diesen Wandel mitzugestalten. Sie können Akzente setzen und die Richtung prägen. Das ist eine äußerst spannende Aufgabe. Eine wichtige Voraussetzung für das Gelingen dieser Aufgabe ist der Wille zur persönlichen Veränderung. Dazu gehört auch die Bereitschaft, ein Leben lang zu lernen.

Folgende Szene illustriert das sehr schön: Ein jüngerer Mann ohne große Bekanntheit hält einen Vortrag. Eine ältere, bekannte Persönlichkeit aus demselben Metier sitzt in einer der hinteren Reihen und macht sich währenddessen unablässig Notizen.

Der Mann schreibt all das auf, was für ihn aus dieser Rede neu und wichtig ist. Er hat es nicht nötig, sich in der ersten Reihe zu präsentieren. Er muss nicht zeigen: »Ich weiß alles, ich kann alles, was will mir dieser junge Schnösel schon sagen?«

Die Haltung des älteren Mannes erfordert innere Souveränität, Flexibilität und Demut. Wir werden unser Leben lang immer lernen können, egal wer und welchen Alters der andere ist. Führungskräfte können sowohl von Vorgesetzten, Kollegen und Vorbildern als auch von Mitarbeitern lernen. Wer sich die Haltung des Lernens erhält, reift zu einer starken Persönlichkeit. Er entwickelt Weisheit und wird zu einem Menschen, von dem andere gerne lernen wollen. Sogar und gerade die eigenen Mitarbeiter.

■ **Denk mal**

Bist du bereit, dein ganzes Leben lang zu lernen, auch von Menschen, die jünger sind und die du selbst führst?

■ **Mach mal**

Entdecke heute mindestens fünf Gelegenheiten, wo du etwas von anderen lernen kannst.

Nur wer gut nachfolgt, kann auch gut vorausgehen.

—Martin Bühlmann

Ein Dach über dem Kopf

■ Viele Menschen haben ein gespaltenes Verhältnis zu Autoritäten. Es fällt ihnen schwer, die Autorität anderer anzuerkennen. Das kann die Autorität eines Vorgesetzten sein. Oder auch die natürliche Autorität eines Menschen, der ihnen in Erfahrung und Know-how voraus ist.
In Deutschland hängt dies auch mit dem Missbrauch von Autorität zusammen. Die Worte »Führung« und »Autorität« haben durch den »Führer« einen negativen Beigeschmack bekommen. Wir werden diesen nur langsam wieder los.
Viele Grabenkämpfe in Organisationen kommen daher, dass Menschen offen oder versteckt gegen Vorgesetzte rebellieren und ihnen das Leben schwer machen. Bei der Akzeptanz von Führung geht es nicht um Kadavergehorsam. Es geht vielmehr um die Bereitschaft, anderen Menschen zu erlauben, Entscheidungen zu treffen und in das eigene Leben hineinzusprechen. Vorgesetzte sollten so unterstützt werden, dass sie den maximalen Erfolg haben. Wer selbst in verantwortungsvolle Positionen aufsteigen möchte, sollte das dadurch schaffen, dass er Charakter zeigt und hochwertige Arbeit leistet – nicht dadurch, dass er die Arbeit des Vorgesetzten boykottiert und schlecht macht. Ist er nicht bereit dazu, dann ist ein Stellenwechsel für alle Seiten sinnvoller als ein jahrelanger, erbitterter Kampf aus innerer Rebellion. Früher oder später wird man auch selbst ernten, was man gesät hat.

■ **Denk mal**

Kannst du die Leitungsrolle eines Vorgesetzten in deinem Leben anerkennen und diese unterstützen?

■ **Mach mal**

Erzähle heute drei Menschen etwas, was du an einem Vorgesetzten schätzt und bewunderst.

Ich brauche Hilfe!

Führungskräfte sind zu einer gewissen Reife verpflichtet.

—Max de Pree

■ Wer sich weiterentwickeln will, braucht die Erfahrungen und das Wissen anderer. Ein regelmäßiges Coaching mit einem erfahrenen Menschen bietet eine wunderbare Chance für Wachstum. Mit Coaching kann so manche Ehrenrunde erspart und so mancher Weg abgekürzt werden.

Auch hier gilt: Man muss das Rad nicht neu erfinden. Es gibt so viele Menschen mit einem unglaublichen Reichtum an Wissen und Erfahrung, die bereit sind, dieses mit anderen Menschen zu teilen – manchmal in einer ehrenamtlichen Mentoringbeziehung oder auf professioneller Basis.

Ich bin sehr dankbar, seit vielen Jahren einen Coach, Mentor und Freund an der Seite zu haben. Er ist jemand, dem ich in aller Offenheit und Ehrlichkeit begegne. Ich erlaube ihm, in mein Leben zu sprechen und mir Rat zu geben. Das heißt für mich nicht immer, dass ich tue, was er rät. Aber es bedeutet für mich, dass ich mich immer intensiv damit auseinandersetze und es ernsthaft in Erwägung ziehe.

Coaching über eine längere Zeit ermöglicht Weiterentwicklung. In Führungsfragen können die Hinweise, Tipps und Ratschläge eines Coaches von größter Bedeutung sein. Besonders im Umgang mit herausfordernden Menschen und Situationen kann ein Coach den Unterschied zwischen Erfolg und Misserfolg ausmachen – ein Potenzial, das sich keine Führungskraft entgehen lassen sollte.

■ **Denk mal**

Bist du bereit dazu, jemand anders in dein Leben sprechen zu lassen, mit dem du offen und ehrlich bist?

■ **Mach mal**

Suche dir einen Coach deines Vertrauens, mit dem du dich regelmäßig triffst.

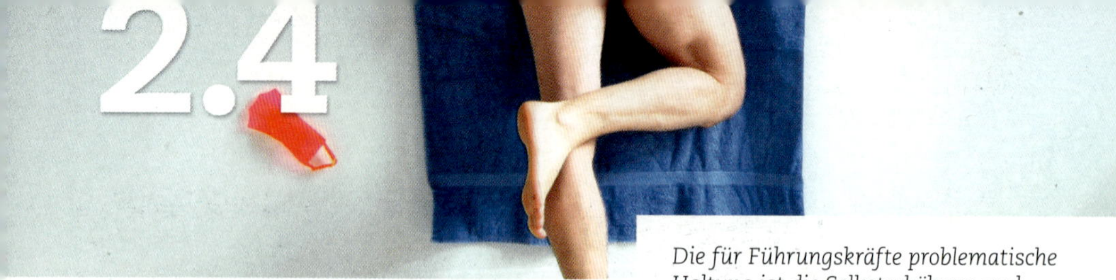

Nobody is perfect

Die für Führungskräfte problematische Haltung ist die Selbsterhöhung und Machtaneignung auf Kosten anderer.
—Gerald Hüther

■ Eines der schönsten Dinge, die es gibt, ist es, sich in einem Umfeld bewegen zu können, in dem Fehler erlaubt oder gar erwünscht sind. In dem nicht Schuldige gesucht werden, sondern Lösungen, und Fehler als Kennzeichen von Risikobereitschaft betrachtet werden.

Je nach Persönlichkeit und Prägung geht man unterschiedlich mit Fehlern und Versagen um. Manche Menschen können der ganzen Welt ihre Fehler verzeihen – nur sich selbst nicht. Andere sind perfektionistisch. Sie erlauben weder sich noch anderen Fehler. Ein gesunder Umgang mit Fehlern fängt mit dem eigenen Selbstbild an. Menschen, die ein perfektes Bild vor sich hertragen, lassen sich ungern auf Schwächen aufmerksam machen.

Jeder weiß, dass man aus Fehlern am meisten lernen kann. Dennoch gibt es viele Menschen, die mit der Maske der Fehlerlosigkeit durch das Leben gehen und damit die Chance verpassen, sich durch Korrektur weiterzuentwickeln.

Ich liebe es, mit Menschen zusammen zu sein, die sich und der Welt nichts mehr beweisen müssen. Für solche Menschen gehören Fehler zur Natur des Menschen und zum Leben. Sie können über ihre Fehler lachen und sich darüber freuen, dass sie durch Fehlentscheidungen die Chance zum Lernen und zur Weiterentwicklung bekommen haben.

■ **Denk mal**

Was denkst du und wie reagierst du, wenn du Fehler bei dir und anderen entdeckst?

■ **Mach mal**

Bitte einen Menschen, dem du vertraust, (oder mehrere), dich auf Fehler hinzuweisen und dich bei der Veränderung zu unterstützen.

Wo befreundete Wege zusammenlaufen, sieht die Welt für eine Stunde wie Heimat aus.

—Hermann Hesse

Beziehung bleibt

■ Wenn man mit erfolgreichen Menschen spricht, dann erzählen sie oft davon, dass an entscheidenden Punkten ihres Lebens Beziehungsnetzwerke eine große Rolle gespielt haben. Einige Beziehungen werden seit vielen Jahren existiert haben, andere werden ganz »zufällig« zustande gekommen sein. Den richtigen Menschen zum richtigen Zeitpunkt über den Weg zu laufen kann eine Wende im eigenen Lebensweg herbeiführen.

Auch wenn viele solcher Begegnungen scheinbar zufällig passieren, ist es sehr wichtig, sich beruflich wie privat gezielt ein Beziehungsnetzwerk aufzubauen.

Dabei geht es nicht um Geklüngel oder Vetternwirtschaft: Führungskräfte stehen oft vor Weichenstellungen, bei denen Kontakte zu Menschen mit dem erforderlichen Know-how oder hilfreichen Beziehungen von großem Wert sind. In solchen Situationen auf ein gutes Netzwerk zurückgreifen zu können kann eine Karriere ungemein positiv beeinflussen.

Auch die Geschäftswelt lebt vom Geben und Nehmen, davon, dass Menschen sich vertrauen und Werte wie Integrität, Verlässlichkeit und Ehrlichkeit leben.

Das gilt auch für ehrenamtliches Engagement: Wo einem Menschen anvertraut sind, ist es gut, wenn man ein Netzwerk um sich hat und weiß, wen man wann fragen kann. Leiter müssen nicht alles selbst können und wissen, aber sie sollten die richtigen Leute kennen.

■ **Denk mal**

Wie viel Zeit investierst du in dein Beziehungsnetzwerk? Auf welche Weise stärkst du deine Beziehungen?

■ **Mach mal**

Erstelle dir eine Übersicht über deine aktuellen Beziehungen mit dem Knowhow der jeweiligen Personen. Welche Kontakte möchtest du stärken?

Was wir alleine nicht schaffen,
das schaffen wir dann zusammen.
—Söhne Mannheims

Gemeinsam erfolgreich

■ In vielen Stellenanzeigen taucht das Stichwort »Teamfähigkeit« auf. Auch im ehrenamtlichen Bereich ist die Fähigkeit zur Kooperation mit anderen unerlässlich. Die Fähigkeit zur konstruktiven Zusammenarbeit ist Vorraussetzung für effektives und gelöstes Miteinander.
In der Geschichte zeigt sich oft, dass eine starke Führungspersönlichkeit und ein gutes Team zusammen unschlagbar sind. Jeder Mensch hat unterschiedliche Begabungen. Wenn es gelingt, eine Gruppe unterschiedlicher Menschen für eine gemeinsame Idee zu begeistern, und diese Gruppe als Team das gleiche Ziel verfolgt, dann kann daraus Unglaubliches entstehen.
Vielfalt im Team ist durch nichts zu ersetzen. Wir brauchen die Ergänzung durch andere. Das ist theoretisch jedem klar, doch emotional sieht das oft anders aus: Schnell fühlen sich Menschen ausgegrenzt und denken, sie seien nicht so wichtig. Sie sind verletzt und die Harmonie im Team ist gefährdet.
Daher ist es eine der Herausforderungen einer Führungskraft, den Mitgliedern im Team die Sicherheit zu geben, dass ihr Beitrag wichtig ist.
Das beginnt schon bei der Auswahl. Bei der Suche nach sachlich geeigneten, menschlich passenden und teamfähigen Mitarbeitern spielt neben den ganz sachlichen Fragen auch das sogenannte »Bauchgefühl« eine wichtige Rolle.

■ **Denk mal**

Nach welchen Kriterien entscheidest du, wer in dein Team passt? Worauf achtest du bei der Auswahl?

■ **Mach mal**

Fördere eine Kultur des Miteinanders bei deinen Mitarbeitern, indem du vor allen anderen betonst, was einzelne zum Team beitragen.

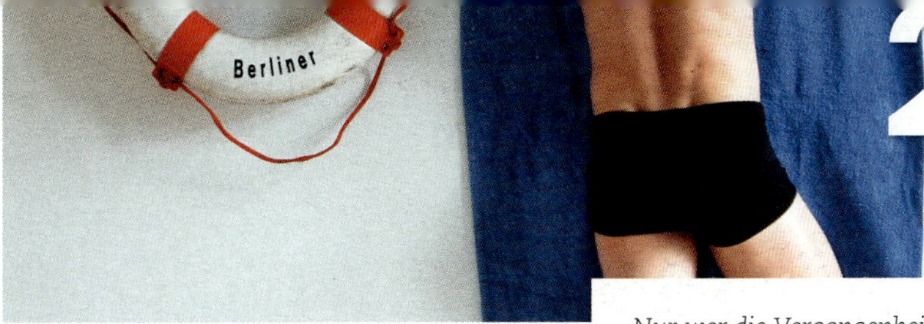

2.7

Nur wer die Vergangenheit kennt,
hat eine Zukunft.
—Wilhelm von Humboldt

Aus der Geschichte lernen

■ Die rasante Zunahme des Wissens könnte zu der Annahme verleiten, dass unser Wissen der Weisheit letzter Schluss ist. Die Geschichte lehrt uns, dass das nicht stimmt. Unser heutiges Wissen baut auf dem auf, was Menschen über die Jahrtausende gelernt und weiterentwickelt haben. Um die Gegenwart zu verstehen, muss man die Vergangenheit kennen.

Bestimmte Führungsstile haben sich durch die Epochen vor dem jeweiligen gesellschaftlichen Hintergrund entwickelt und verändert. Auch als Pazifist muss man anerkennen, dass wesentliche Grundlagen der Führung im Umfeld des Militärs entwickelt wurden.

Biografien von Menschen und die Geschichten von Unternehmen sind eine Fundgrube für das Lernen in Sachen Führung. Zu jedem Zeitpunkt dieser Entwicklung waren sich die Menschen sicher, sie wüssten jetzt, wie es geht. Später lernten sie dann, dass ihr Wissen Stückwerk, sprich: ergänzungsbedürftig, war.

Es gibt eine Reihe wichtiger und grundlegender Prinzipien im Bereich der Führung. Dennoch muss man sich darüber im Klaren sein, dass auch dieses Thema einem stetigen Wandel unterworfen ist. Das zeigt der Blick auf die Entwicklung der Führung in den letzten fünfzig Jahren. Führung wird sich weiter verändern, weil wir Menschen und unser Umfeld sich verändern und wir dazulernen.

■ **Denk mal**
Was weißt du über die Geschichte der Führung?

■ **Mach mal**
Besorge dir eine Biografie einer interessanten Führungspersönlichkeit und lerne von ihr.

Woche 3
Andere führen

Menschen fördern

Die Kunst des Führens ist das Entdecken, Freisetzen und Fördern der Begabungen bei den uns anvertrauten Menschen.
—Max de Pree

■ Bei Führung geht es immer um Menschen. Einer der größten Fehler von Leitern ist es, wenn sie Menschen nur als Mittel zum Zweck betrachten, als notwendiges Übel, um Ziele zu erreichen. Menschen sind dazu geschaffen, kreativ zu sein und ihr volles Potenzial zu entfalten. Eine der wichtigsten Aufgaben eines Leiters ist es, diese Potenziale bei den Mitarbeitern zu finden, zu fördern und zu entwickeln.

Mitarbeiter, die gut gefördert wurden, werden erfolgreich, können eigene und gemeinsame Ziele erreichen und hervorragende Ergebnisse erzielen. Der Erfolg einer Führungskraft liegt darin, durch Ermutigung, Rat, Herausforderung und konstruktive Kritik zum Erfolg der anvertrauten Mitarbeiter beizutragen.

Mitarbeiter zu fördern heißt, sie zu beeinflussen. Beeinflussung ist nicht gleich Manipulation: Bei Manipulation missbraucht man Menschen gegen ihren Willen für eigene Ziele, indem man verdeckt Druck ausübt und sie emotional abhängig macht. Bei Beeinflussung hingegen geht es darum, aktiv dazu beizutragen, dass Menschen ihr volles Potenzial in Freiheit entwickeln können und so zum Erfolg des Ganzen beitragen.

Leiter müssen die Scheu davor ablegen, Menschen zu beeinflussen. Denn ohne andere zu beeinflussen, zu motivieren und zu korrigieren, kann man nicht führen und delegieren. Hier ist am wichtigsten, die Zeit aufzubringen, sich dem Einzelnen zuzuwenden und ihn zu fördern.

■ **Denk mal**

Was brauchst du, damit du Zeit und Herz investierst, um andere zu fördern?

■ **Mach mal**

Plane, wann du mit wem Zeit verbringen möchtest, um ihn durch Rat, Kritik oder Ermutigung zu beeinflussen.

Prima Klima

Ohne Vertrauen ist keine Führung erfolgreich.

—Reinhard K. Sprenger

■ Befragungen zur Mitarbeiterzufriedenheit untersuchen oft, was Arbeitnehmern für Zufriedenheit bei der Arbeit wichtig ist. In nahezu jeder Befragung steht das Arbeitsumfeld an erster oder zweiter Stelle. Die »weichen Faktoren« wie Atmosphäre und persönlicher Umgang miteinander sind den meisten Menschen wichtiger als die Höhe des Gehalts.

Es ist erwiesen, dass die Leistungsfähigkeit von Menschen stark von diesen Faktoren abhängt. In einer positiven und von Respekt geprägten Atmosphäre werden die besten Ergebnisse erzielt. Das gilt nicht nur für das berufliche Umfeld, sondern auch für ehrenamtliches Engagement.

Zu einer gesunden Atmosphäre gehören Lob und Anerkennung sowie konstruktive Kritik – dafür ist Vertrauen unablässig. Hier gilt es, Extreme zu vermeiden. In manchen Organisationen wird das Beurteilen der Leistung automatisch als Druck verstanden. Menschen unter Druck zu setzen will man um jeden Preis vermeiden. Man packt Menschen in Watte und wagt nicht den Hauch einer Kritik. Hier sind Menschen – vielleicht – vor Verletzungen sicher, aber sie können sich auch kaum entwickeln. Sie werden nur wenig motiviert sein, gute Ergebnisse zu erzielen.

Die Folge ist Frustration, weil die Erfolgserlebnisse fehlen. In einer vertrauensvollen Umgebung, die auch die Ergebnisse im Blick hat, sind Erfolge unausweichlich.

■ **Denk mal**

Wer hat dich in deiner Entwicklung zu guter Leistung angespornt? Wie hat die Person das gemacht?

■ **Mach mal**

Frage Leute in deinem Team regelmäßig, wie es ihnen wirklich geht und ob sie mit sich und ihrer Leistung zufrieden sind.

Effizienz ist, die Dinge richtig zu tun;
Effektivität ist, die richtigen Dinge zu tun.
—Peter Drucker

Aufgaben-beschreibung

■ Eine der größten Verschwendungen an Ressourcen in Firmen und Organisationen kommt durch unklare Ziele und ungenaue Tätigkeitsbeschreibungen. Viele Menschen wissen nicht oder nicht ausreichend genau, was von ihnen erwartet wird. Sie wissen auch nicht, welche Prioritäten die einzelnen Teilaufgaben haben.

Meist finden sich Aufgabenbeschreibungen auf dem Arbeitsvertrag, doch sie sind schnell überholt. Im ehrenamtlichen Bereich gibt es oft gar keine klaren Aufgabenbeschreibungen. Das Ergebnis: Häufig müssen Mitarbeiter mit schwammig formulierten Definitionen ihrer Tätigkeit leben. Sie wissen nicht genau, was von ihnen erwartet wird – und können dann auch den Erwartungen nicht entsprechen. Am Ende sind alle enttäuscht.

Egal ob im Beruf oder Ehrenamt: Jeder Mitarbeiter braucht eine genaue Tätigkeitsbeschreibung. Sie sollte die Aufgaben der Priorität nach auflisten und klar beschreiben, wie das Ergebnis aussehen soll.

Gute oder gar hervorragende Ergebnisse lassen sich nur mit einer klaren Definition von Tätigkeit, Priorität und dem gewünschten Ergebnis erzielen.

Nach Möglichkeit sollten Tätigkeiten nicht mit zu vielen sich widerstrebenden Funktionen überfrachtet werden, sondern möglichst einen klaren Schwerpunkt haben. Menschen müssen sich auf eine Sache konzentrieren können, um diese erfolgreich zu tun.

■ **Denk mal**

Was genau ist deine Aufgabe? Was die deiner Mitarbeiter?

■ **Mach mal**

Nimm dir Zeit, ergebnisorientierte Tätigkeitsbeschreibungen zu erstellen. Aktualisiere sie jährlich.

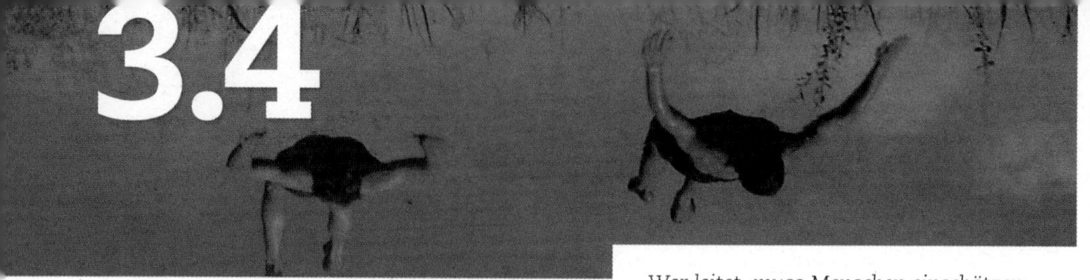

Stärken im Fokus

Wer leitet, muss Menschen einschätzen können.

—Max de Pree

■ Je nach Persönlichkeit achten Menschen mehr auf Stärken oder auf Schwächen. Im deutschen Kulturkreis liegt der Fokus meist auf den Schwächen. Das ist nicht grundsätzlich schlecht, denn es fördert Innovation. Die Fähigkeit, Verbesserungsbedürftiges wahrzunehmen und Lösungen zu suchen, hat viele herausragende Technologien und Produkte hervorgebracht.
Im Bereich der Führung von Menschen kann die Fixierung auf Schwächen jedoch kontraproduktiv sein. Manche Leiter betrauen Mitarbeiter mit Aufgaben, für die sie nicht sonderlich begabt sind. Man denkt, man könnte sie so dazu bringen, an ihren Schwächen zu arbeiten.
Im besten Fall erfüllen sie die Aufgaben leidlich ohne große Freude – im schlimmsten Fall sind die Aufgaben für sie eine Qual. Gibt man Menschen hingegen Aufgaben, die weitgehend ihren Gaben und Stärken entsprechen, hat das zwei Dinge zur Folge: 1. zufriedene Mitarbeiter und 2. sehr gute Ergebnisse.

Ein Leiter kann Mitarbeitern helfen, ihre Gaben zu finden und diese zu entwickeln. Ein auf Stärken ausgerichtetes Umfeld wirkt motivierend. Wenn Menschen zu großen Teilen die Dinge tun können, in denen sie stark sind, dann schafft dies Erfolgserlebnisse. Das wiederum erhöht den Selbstwert und vielleicht sogar die Motivation, ein paar Schwächen anzugehen. Außerdem entsteht eine Spirale der Zufriedenheit und der guten Ergebnisse.

■ **Denk mal**

Achtest du auf Stärken und Gaben von Menschen oder mehr auf ihre Schwächen?

■ **Mach mal**

Entdecke die Stärken und Gaben deiner Mitarbeiter. Überlegt gemeinsam, für welche Aufgaben wer sich besonders eignen könnte.

Machen lassen

> *Ein kluger Mann macht nicht alle Fehler selbst. Er gibt auch anderen eine Chance.*
>
> —Winston Churchill

■ Es gibt verschiedene Gründe, warum sich Führungskräfte schwer tun, Aufgaben und Verantwortlichkeiten an Mitarbeiter zu delegieren. Manche haben alles irgendwie im Kopf, können es aber nicht vernünftig in Form von Aufgaben strukturieren. Andere befürchten, Mitarbeiter könnten die Aufgabe nicht so gut erledigen wie sie selbst, und möchten lieber alle Fäden in der Hand behalten. Einige meinen auch, dass sie besonders wichtig sind, wenn sie viel selbst erledigen und ständig beschäftigt sind. Oft fehlt auch die Einsicht, dass erst Delegieren einem Leiter die Freiräume schafft, sich auf seine zentrale Aufgabe, nämlich Führung, zu konzentrieren.

Beim Delegieren von Aufgaben oder Verantwortung ist es wichtig, dass die Führungskraft die gewünschten Tätigkeiten, Erwartungen und Ziele eindeutig beschreibt. Je klarer diese festgehalten und kommuniziert werden, desto größer ist die Wahrscheinlichkeit, dass die Aufgabe erfolgreich erledigt wird.

Neben der klaren Beschreibung kommt es auf möglichst passgenaue Wahl des Mitarbeiters an. Es ist gut, sich zu fragen:

- Verfügt der Mitarbeiter, den ich mit der Aufgabe betrauen möchte, über das erforderliche Können?
- Passt es in seinen Aufgabenbereich?
- Hat er ausreichend Zeit, Finanzen und Mitarbeiter?

Regelmäßige Bestandsaufnahmen geben Mitarbeiter und Führungskraft die notwendige Sicherheit.

■ **Denk mal**

Was brauchst du, um Aufgaben und Verantwortung abzugeben? Wie häufig gibst du Aufgaben ab?

■ **Mach mal**

Mache dir eine Übersicht über die Aufgaben, die du delegieren könntest. Beschreibe präzise, was die Aufgabe beinhaltet.

Anerkennung ist ein wundersam Ding:
Sie bewirkt, dass das, was an anderen
hervorragend ist, auch zu uns gehört.
—Voltaire

Wertschätzende Worte

■ Ich bin Schwabe. Uns sagt man nach, dass wir nicht gerade die Meister im Loben sind. »Nichts gesagt ist Lob genug«, lautet ein bekannter Spruch aus dem Südwesten Deutschlands.

Doch nicht nur in Schwaben, sondern fast überall wird zu wenig gelobt. Dabei wissen wir alle, welchen Energieschub ein ehrliches Lob bringen kann. Jeder Mensch sehnt sich danach, in seinen Fähigkeiten und Tätigkeiten wahrgenommen zu werden, und wünscht sich Wertschätzung.

Leiter können eine Kultur der Anerkennung und des Lobens in ihrem Umfeld entwickeln. Dabei geht es nicht um aufgesetzte Lobhudelei, sondern darum, wahrzunehmen, was jemand tut, ihn zu ermutigen und seine Leistung anzuerkennen. In einer Umgebung, wo Einzelne wahrgenommen und unterstützt werden, blühen Menschen auf. Es entsteht eine kreative, offene Atmosphäre, in der man sich nichts vormachen muss, sondern Vertrauen wachsen kann.

In so einem Klima werden Menschen bereit, sich überdurchschnittlich zu engagieren. Ein ehrliches Lob kann Menschen positiv verändern und ihre Persönlichkeit und ihr Selbstbewusstsein stärken.

Lob sollte möglichst spezifisch sein. Es sollte einen konkreten Anlass haben. Zum Beispiel: »Als ich gesehen habe, wie klar du in der Teamsitzung unsere Ziele erklärt hast, hat mich das sehr begeistert.«

■ **Denk mal**

Wann wurdest du zuletzt gelobt? Wann hast du das letzte Mal jemanden gelobt? Bei welchem Anlass?

■ **Mach mal**

Beobachte heute die Menschen, mit denen du zusammenarbeitest. Notiere dir fünf Dinge, die dir positiv auffallen, und teile sie den anderen mit.

3.7 Klare Worte

Wir sind den Mitarbeitern Kritik schuldig.
—Boris Grundl

■ Das Wort »Kritik« ist in unserer Kultur sehr negativ belegt. Die meisten Menschen lieben es nicht, kritisiert zu werden. Den wenigstens Leitern macht es Freude, Mitarbeitern gegenüber Kritik auszusprechen. Dennoch ist kritisches Feedback ein wichtiges Instrumente, wenn man die Weiterentwicklung von Menschen fördern will.
Menschen tun vieles aus Gewohnheit. Unsere Lebensprägung geschieht im Wesentlichen in der Kindheit und Jugend. In Schule, Ausbildung oder Studium lernen wir außerdem sachliche Inhalte und Zusammenhänge. Unsere ersten Gruppenerfahrungen sowie unsere erste Arbeitsstelle prägen unser Bild von Führung und Organisation. Das, was wir »früher« gelernt haben, kann alles gut und auch grundsätzlich richtig sein. Es muss aber nicht zwingend in die Situation passen, in der wir aktuell stehen. Wer Mitarbeiter fördern will, muss bereit sein, ihnen persönliche und ehrliche Rückmeldung in Form von Lob und Kritik zu geben. Führungskräfte, die ihren Mitarbeitern offen, fair und konstruktiv ihr Verhalten und ihre Arbeit spiegeln, ermöglichen Veränderung. Jede Kritik bietet die Chance, zu lernen und damit besser und erfolgreicher zu werden. Der richtige Rahmen für Kritisches ist ein Gespräch unter vier Augen. Gesunde Leiter sind auch offen für die Kritik ihrer Mitarbeiter. Von Menschen, die bereit sind selbst Kritik anzunehmen, kann man selbst Kritik auch leichter akzeptieren.

■ **Denk mal**

Welche Kritik hat dich selbst sehr weitergebracht? Wann und wie hast du jemanden durch Kritik gefördert?

■ **Mach mal**

Übe dich in motivierender, konstruktiver Kritik. Achte auf den passenden, nichtöffentlichen Rahmen.

Woche 4
Aufgaben (aus)führen

4.1

Von der Vision zum Ziel

Der Langsamste, der sein Ziel nicht aus den Augen verliert, geht noch immer geschwinder, als der ohne Ziel umherirrt.
—Gotthold Ephraim Lessing

■ Während die einen sich von großen Visionen begeistern lassen, fühlen andere sich davon erschlagen. Ihnen erscheint das weit weg und unrealistisch. Für die meisten Menschen müssen Ziele überschaubar und greifbar sein.

Leiter stehen häufig an Positionen, an denen sie Visionen, Strategien und Ziele definieren müssen. Für die Mitarbeiter ist es wichtig, nicht nur die große Vision, sondern auch die zugehörigen Teilziele und Schritte zu kennen. Das tut man am besten, indem man aus einem Zehnjahresziel zuerst ein Fünfjahresziel generiert. Die nächstkleinere Einheit sind dann Jahresziele. Das ist ein Zeitraum, den fast jeder überschauen kann. Dafür lässt es sich auch ausreichend konkret planen.

Für jede Gruppe und Organisation ist es wichtig, dass sie nicht nur Gesamtziele definiert, sondern auch Ziele für die einzelnen Bereiche. Die kleinste Einheit bilden dann die konkreten Ziele, die man mit einzelnen Mitarbeitern vereinbart.

Gute Ziele sind **SMART**, das bedeutet:

- **S**pezifisch
- **M**essbar
- **A**kzeptiert
- **R**ealisierbar
- **T**erminierbar

Wer klare Ziele vor Augen hat, kann Prioritäten setzen und die wichtigen von den dringenden Dingen unterscheiden.

Damit Ziele nicht in Vergessenheit geraten, müssen sie kommuniziert werden. Am besten regelmäßig und mit Begeisterung.

■ Denk mal

Hast du klar definierte Ziele und kommunizierst diese regelmäßig deinen Mitarbeitern?

■ Mach mal

Entwickle aus deiner Vision heraus konkrete Ziele und Schritte. Sprich darüber und kontrolliere den Weg zur Zielerreichung konsequent.

4.2

Worum es geht

Wer den Unternehmenszweck kennt und erfüllt, behält die Vision automatisch im Auge.

—Boris Grundl

■ Jede Organisation hat einen Zweck, also ein Ziel und einen Nutzen, sonst würde es sie nicht geben. Idealerweise ist dieser schriftlich festgehalten, zum Beispiel in der Vereinssatzung oder dem Unternehmensleitbild.

Eine Geschichte zeigt, was das mit jedem einzelnen Mitarbeiter zu tun hat: Beim Bau des Freiburger Münsters befragte man drei Steinmetze zu ihrer Arbeit. Der eine saß und haute Quader für die Mauern der Wand zurecht. »Was machst du da?« »Ich haue Steine.« Ein anderer mühte sich um das Rund einer kleinen Säule für das Blendwerk der Tür. »Was machst du da?« »Ich verdiene Geld für meine Familie.« Ein dritter bückte sich über das Ornament einer Kreuzblume für den Fensterbogen. »Was machst du da?« »Ich baue eine Kathedrale.«

Der dritte Arbeiter kannte offensichtlich das Ziel des Unternehmens. Man kann sich unschwer vorstellen, wie es ihn motiviert hat, Teil von etwas Großem und Aufregendem zu sein.

Der gemeinsame Zweck sollte allen Mitgliedern der Organisation bekannt sein. Nur so kann in dieselbe Richtung gearbeitet und das Ziel erreicht werden.

Führungskräfte sollten ihr Handeln immer wieder am gemeinsamen Zweck ausrichten, besonders bei wichtigen Entscheidungen. Damit nicht nur Steine gehauen werden, sondern Kathedralen entstehen.

■ **Denk mal**

Ist dir der Zweck deiner Organisation präsent und kommunizierst du ihn deinen Mitarbeitern?

■ **Mach mal**

Sprich immer wieder über Sinn und Nutzen der Organisation. Orientiere dich in allen wichtigen Fragen daran, ob damit diesem Zweck gedient ist.

4.3 Systeme entwickeln

Bei Systemen geht es darum Ergebnisse zu erzielen. Ergebnisse sind das Ziel, die Systeme sind der Weg dort hin.
—Boris Grundl

■ Es ist interessant zu beobachten, wie in manchen Organisationen Dinge über Jahre hinweg nicht gut funktionieren, aber nie so angegangen werden, dass eine spürbare Verbesserung eintritt:

- Besprechungen verlaufen schleppend und inneffektiv? Eine Vorbereitung anhand einer Checkliste oder eines Formulars für die Besprechungsagenda würde mehr Effizienz bringen.
- Mitarbeiter sind unzufrieden und fühlen sich schlecht informiert? Ein anhand einer Checkliste vor- und nachbearbeitetes Mitarbeitergespräch pro Quartal mit klaren Zieldefinitionen und To-Dos für Leiter und Mitarbeiter könnte Wunder wirken.
- Projekte verlaufen grundsätzlich zäh und werden regelmäßig zu spät fertiggestellt? Regelmäßige Besprechungen mit klar definierten Maßnahmen machen den Projekten Beine.
- Das Dringende siegt immer gegen das Wichtige? Unverrückbare Zeiten für Planung und Strategie wirken dem entgegen.

Wenn man analysiert, was zum effektiven Handeln fehlt, lässt sich das Handeln aller Beteiligten Stück für Stück effektiver gestalten. Alles, was standardisiert wird (»So machen wir es ab jetzt immer«), gibt Klarheit. Jeder weiß, woran er ist. Manche neuen Systeme etablieren sich schnell, andere benötigen etwas Zeit und Geduld – aber ihre Einrichtung lohnt sich immer.

■ **Denk mal**

Was funktioniert in deinem Tätigkeitsfeld schon seit längerem immer wieder schlecht?

■ **Mach mal**

In welchem Bereich willst du etwas systematisch Neues einführen? Schreib auf, was fehlt, damit es besser läuft, und pack es an!

Projektkultur

Wer hohe Türme bauen will, muss lange beim Fundament verweilen.
—Josef Anton Bruckner

■ Mit Projektmanagement verbinden wir landläufig Bauvorhaben oder öffentliche Projekte. Wir denken dabei oft an deren typische Eigenschaften: zu teuer und zu spät. Doch das ist nur die negative Seite der Projektplanung. In jeder Organisationen findet man eine Vielzahl großer und kleiner Projekte. Leider werden diese in den seltensten Fällen auch als solche behandelt.

Fehlendes Projektmanagement ist ein großer Verschwender menschlicher und finanzieller Ressourcen. Oft beginnt das Problem schon mit mangelndem Wissen darüber, was gutes Projektmanagement beinhaltet. Manche Projekte werden überstürzt gestartet. Dabei werden weder Aufgaben noch Zuständigkeiten, geschweige denn Risiken genau beschrieben.

Wird ein Projekt ohne Projektleitfaden, Budgeterstellung, Prozessbeschreibung und Initialbesprechung (Kickoff-Meeting mit allen Beteiligten) gestartet, dann ist die Wahrscheinlichkeit sehr gering, dass es erfolgreich endet.

In großen Firmen wird das Projektmanagement häufig an einige wenige Spezialisten delegiert. Besser ist es jedoch, in einer Organisation eine Projektmanagementkultur zu schaffen. Nicht jeder muss Projektleiter sein, aber jeder Beteiligte sollte ein grundlegendes Verständnis für die zentralen Elemente haben, die zur erfolgreichen Durchführung eines Projektes gehören.

■ **Denk mal**
Wie gehst du Projekte an – irgendwie aus dem Bauch oder mit klarem Plan?

■ **Mach mal**
Lerne gemeinsam mit deinen Mitarbeitern, wie effektives Projektmanagement funktioniert. Plant Projekte gut und gründlich.

Ergebnisse im Blick

Entscheidend ist, was hinten rauskommt.
—Helmut Kohl

■ Jeder Mitarbeiter einer Organisation kann aktiv und beschäftigt sein, ohne damit dem Zweck der Organisation zu dienen oder gute Ergebnisse für sie zu erzielen. Der Grund dafür sind: fehlende Visionen und Ziele, unklare Aufgaben, falsche oder keine Prioritätensetzung sowie eine mangelnde Kontrolle.

Wer kein klares Ziel hat, wird auch keine Ergebnisse erzielen. Das Ziel einer Broschüre ist nicht nur, schön auszusehen. Sie soll die Zielgruppe ansprechen und dazu beitragen, dass Interessenten mit einer Organisation in Kontakt treten und deren Angebote nutzen.

Das Ergebnis der Spendenaktion einer sozial tätigen Organisation ist es nicht in erster Linie, möglichst viel Geld zu sammeln. Es ist vielmehr, möglichst hohe Spendeneinnahmen zu erzielen, damit effizient umzugehen und dafür zu sorgen, dass das Geld so eingesetzt wird, dass die zu Unterstützenden den maximalen Nutzen davon haben.

Es ist also zwingend erforderlich für jede Aufgabe und jedes Projekt das gewünschte Ergebnis und Ziel sehr klar zu definieren. Nur so kann man im Laufe und am Ende des Projekts den Erfolg messen. Nur mit klarem Ziel wissen die Mitarbeiter, um was es wirklich geht: nämlich nicht um Aktionismus, sondern um gute Ergebnisse und damit um den Erfolg der Organisation. Wenn die Organisation ihr Ziel erreicht, ist das natürlich auch ein Erfolg für jeden einzelnen Mitarbeiter.

■ **Denk mal**

Hast du bei dem, was du und deine Mitarbeiter machen, das Ergebnis im Blick?

■ **Mach mal**

Nimm dir Zeit für klare Ziel- und Ergebnisdefinitionen bei Projekten. Plane, wann und wie du ihre Einhaltung prüfen willst.

4.6 Das Budget im Blick

Alle Ziele und Planungen sollten in die Sprache des Geldes übersetzt und in Budgetplänen festgehalten werden.
—*Boris Grundl*

■ Damit eine Organisation ihren Zweck erfüllen und ihre Ziele erreichen kann, braucht man Ressourcen. Das können je nach Unternehmen ganz unterschiedliche Dinge sein, doch jede Organisation benötigt Menschen und Finanzen. Außer beim Ehrenamt kostet der Einsatz von Menschen etwas. Erhalt und Wachstum einer Organisation ist nur durch den Einsatz von Ressourcen erreichbar

Einnahmen und Ausgaben sind nicht nur Sache des Finanzvorstands oder Kassenwarts. Jeder Mitarbeiter kann einen großen Teil dazu beitragen, dass die Finanzen einer Organisation verantwortungsvoll und ergebnisorientiert eingesetzt werden.

Leiter können bei ihren Mitarbeiter ein grundlegendes Verständnis für den Umgang mit Finanzen schaffen. Das kann durch Kommunikation und Schulung geschehen. Besonders effektives Lernen geschieht jedoch dann, wenn die Mitarbeiter aktiv an der Budgetierung beteiligt sind und Verantwortung übernehmen können. Egal ob in Unternehmen oder Vereinen: Es motiviert Mitarbeiter, wenn sie ein Budget – und sei es auch noch so klein – zu verantworten haben und dafür geradestehen müssen. Das ist insbesondere dann der Fall, wenn Ziele und Ergebnisse an den Einsatz der Finanzen geknüpft sind. Dann wird ein verantwortungsvoller Umgang mit Ressourcen ganz praktisch.

■ **Denk mal**

Vermittelst du deinen Mitarbeitern ganz praktisch den verantwortungsvollen Umgang mit Finanzen?

■ **Mach mal**

Überlege dir, wo du das Budget als Führungsinstrument einsetzen kannst. Gib deinen Mitarbeitern die maximal mögliche Verantwortung.

Wage es!

Am Anfang war die Tat.
—Johann Wolfgang von Goethe

■ Dieses Quadro hat dich in die Welt der Führung eintauchen lassen. Im Kern steht die Botschaft, dass Führung für jeden erlernbar ist und einfach und unkompliziert gelebt werden kann.

Wie so oft beginnt es bei dir. Wenn du gelernst hast, dich selbst zu führen und deine Ziele klar zu verfolgen, hast du die Basis für eine erfolgreiche Arbeit als Führungskraft gelegt. Daneben ist die Bereitschaft, dich selbst führen zu lassen, für deine Entwicklung als Führungskraft von entscheidender Bedeutung.

Wenn diese Grundlagen gelegt sind, dann steht einer erfolgreichen Führungsarbeit nichts mehr im Wege. Dann entwickeln sich deine Mitarbeiter zu eigenständigen Persönlichkeiten, die mit ihren Gaben hervorragende Ergebnisse erzielen. Dann werden Aufgaben so erledigt, dass der Zweck der Organisation erfüllt wird. Und von all dem profitierst nicht nur du selbst, sondern jedes Mitglied der Organisation und die Organisation selbst.

So kann es weitergehen:

- Greif dir aus jeder Woche einen Punkt heraus, an dem du aktiv arbeiten möchtest.
- Tausche dich mit anderen Führungskräften über das aus, was du in diesem Quadro gelernt hast.
- Suche einen Coach um, der dir hilft, dich als Führungskraft zu entwickeln und besser zu werden.
- Lass dir von anderen Menschen spiegeln, wie sie dich als Führungskraft einschätzen.

Klare Führung ist machbar. Wage es!

■ **Denk mal**
Was war für dich das Wichtigste, das du durch dieses Quadro gelernt hast?

■ **Mach mal**
Entscheide dich, wie du nun weitermachen möchtest, und schreibe dir deine nächsten Schritte auf.

Das will ich mir merken: